CUENTOS PARA TODO EL AÑO

No fui yo...

Alma Flor Ada

Ilustraciones de Vivi Escrivá

ALFAGUARA
INFANTIL Y JUVENIL
SANTILLANA

*Para Virginia Brooke, John Anthony
y Charlie, y para Carlie y Cassie
Mireya con todo cariño.*

© **1999 Santillana USA Publishing Co., Inc.**
2105 N.W. 86th Ave.
Miami, FL 33122

09 08 06 05 8 9 10 11

Printed in Colombia

ISBN: 1-58105-172-7

No fui yo

quien pisoteó las flores.

No fui yo

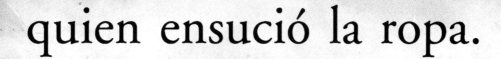

quien ensució la ropa.

No fui yo

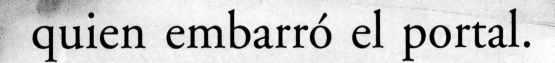

quien embarró el portal.

No fui yo

quien derramó la harina.

Pero sí soy yo
quien te quiere
mucho.